JN272767

はじめてエブリデイ

トリペと3

コンドウアキ

Contents

好物はトマトと肉…
タロウイチ
ときに体をはって娘を教育する、やさしく温厚な夫&父。フリーデザイナー。
トリペ
自我が芽生え、よりいっそう存在感が出てきたコンドウ家の台風の目。
好物はぎょうざ!! 納豆まき!!
好物は生ビール ただいま禁酒中…
私
1歳児の愛くるしさと手ごわさを日々実感しているキャラクターデザイナー。

はじめに

妊娠・出産、そして0歳と続いた『トリペと』、
今回は1歳のトリペとの毎日をご紹介いたします。
赤ちゃんから幼児になっていくトリペ、言葉が出てきて、だんだん
性格がハッキリしてくるトリペをお楽しみいただけますと嬉しいです。

あちゃちゃん!!
あちゃちゃん!!
ワッッ
先輩面

第1章

トリペ

1. レパートリー

トリペには現在踊れる曲が8曲あって‥
その中には似た踊りをするものもある(本人としては違うおどりを踊ってるんだろうけど)

…なかなかむつかしい…

トリペ

2.あ〜あ

あーあ
ポイッ
気づかなかったのだが
あーあ
ポイ
知らぬ間に口ぐせになっていたらしい…
あっ…
パサ
なぬっ
あーあ
ハラリ
あーあ
……

トリペ

3.トリペの毎日

はー お帰りィ

4:00に帰ってきて

あーーん

6:00にごはん

あだだだっ
危ないっ
ぐいっ

6:15 母を使ってイスから
自力で降りる

服をぬがしてもらうと

あ

手をつないで

お願いしまーす
どーぞー

フロだ！フロ！

おフロから あがり‥
さあー ふこう
ポカ
ポカ
いつものように居間で
ふこうとしたら‥
たっ
えっ‥
ターーッ
急に小走りを見せて、あっという間に
玄関へ走っていき見えなくなってしまった‥
ヨチ
ヨチ
いつもの歩きは
一体何‥?!
あまりのことに
ボー然‥
ばあーーっ
ばあは今しなくて
いいから戻っといで!!
カゼひくがなっ
超びっくりしました‥

トリペ

4.よく見てる

・・・・
ご飯にお茶がないと・・
あ・・っ ごめん 忘れてた・・
おちゃーーっっ
・・・と叫び
・・・そんなにのど かわいてたとですか・・・
ごきゅごきゅ
ごきゅごきゅ
ごきゅごきゅ
ぐいーっ

プーン
あっ 蚊だっ
蚊がいるから気をつけて下さーい
ハーイ
…と言うと
蚊だっ バチンッ
パチンッ
とれたかな…
右の手のひらみて、左の手のひら見て…
あー
あー 失敗!!
私のマネね…
よく見てるなあ…
1歳になるともう赤ちゃんじゃない気もする…

5.踊りたい

手を横に♫
ジー…
マネしておどる
トリペの好きなNHK「ピタゴラスイッチ」の「アルゴリズム体操」は
2人で1組となってやる踊りなので
えっ何?!
ぐいっ
ああ!! パッチンパッチンガミーンガミーンかあ
ククク
近くに座っている人を使ってでも、忠実に踊りたいらしい…
（他の曲の1人でする踊りは1人でやる…）

トリペ

6. 続・踊りたい

楽しみ♥
トリペの1日の様子をかいてくれる
保育園連絡帳より
今日は幼児クラスさんたちの運動会の練習がありました。
トリペちゃんはその音楽をききながらうれしそうに踊っていました
じ…っ
あんまり楽しそうなので、じーっと見ていたら

ハッ
気づかれたっ
ウフフー
「てへっ」と照れ笑いをしていました
ははははは!!
?
目に浮かぶようだわっ

トリペ

7.わけあり

最近 よくやるポーズ
手をうしろに… エビ?
寝ていても
…
座っていても
保育園ではやっているんかな…
…何だろう あのポーズ…
?
1週間程ナゾだったんですが
トリペー もう寝る?
はい・オンブでつれてってあげる
パアッ
←オンブ大好き
ん?
オンブポーズかあ…
!!
ピーン!!
赤子の不思議なポーズには
全て意味がある…

トリペ

8.合同パーティ

うまいっ うまいよっ
おかわり ある?!

大人たちにも うますぎる食事が
用意されていた…

ほらノノ、ボール

トリペは

うヴぁあ゙あ゙あ゙
バッ
を
びっくり…

ノノちゃんのボールを泣きながら
うばい…
↑
なぜ取るほうが
泣く…

友人のコーヘイ・マキちゃん夫婦が
トリペとノノちゃん2人のために
(トリペと10日ちがいで
うまれた)
合同誕生日会を
開いてくれた

いらっしゃーい!!
おじゃましまーす!!

なんてキレイな離乳食!
すごーいキレーイ
たーっ
似ている2人…

なんとチビスケ隊には カラフルでキレイな
離乳食まで用意されていた…

コンドウのこぼれコラム

やっとで1歳。この頃は毎日鼻を垂らしては耳鼻科にかよっていました。鼻がつまると大人でもイライラするものですが、1歳になっためでたい月に、イライラしっぱなしのトリペでした。そして「友達のおもちゃをとる→怒られる→でも欲しい→怒られるのはイヤ→かなしい、でも欲しい」の想像ができるようになったのか、欲しいものがあると、泣きながらとりにいく、というメチャクチャな行動をしていた時期でした。

トリペ

9. ぬいぐるみといっしょ

最近ようやく
クマのぬいぐるみ
を持って
移動するよう
になった
ひきずるが…
ズルズル
ひきずっては
ドーン
転び
泣きながら
ひきずっては
うまく
移動
できなくて
イライラ
している
ブシカッ
転んでいる…
がんばれー
うわあああ
…持ち歩かなきゃ泣くことも
イライラすることもなかろう…とも
思うのだが、ちょっと嬉しいので
そのことは教えず応援する私…

10. とっちゃ

父ちゃんと遊んでおいでー
あー
…といっていたのが
功を奏したのか
とっちゃ!!

エライ!!
スゴイッ
これ父ちゃん!!
とっちゃ!!
そう!!
ト…トリペ…
この指
ポイント!!
父をしっかりと呼ぶようになりました。
とっちゃ!!
はーっ!!
とっちゃ!!
はい～♪
それからというものの…
親密感…
……
明日から私をママと呼んでっっ
母ちゃんは浸透しないから呼びにくいに違いないっ
えーーっ
ずいっ
…かなりうらやましい…

トリペ

11. なでなで

トリペー お馬さん やってあげる
乗ってみな!!
また育児書で「おうまさんを喜ぶ…」と読んだ
……
トリペは「お馬さん」がよく分からなかったようで…
?
なで なで
えっ
トリペちゃん、ハイハイのお友だちの頭、ナデナデするんですよー
先生
!!
ピーーンッ
ハイハイ
どうも「お馬さんポーズ」を見て赤ちゃんのハイハイポーズと思ったらしい…
わっしゃー
トリペ やっさしーい♡♡
あー♡

トリペ

12. 冬の風邪

夫とトリペが嘔吐しまくる風邪にかかった…

ゲロ浴びほうだいで慣れたもの

しかも一度起きると、なかなか寝つけないらしい…

真夜中に響く 父娘の愛の語らい…

トリペ…
とっちゃ…
おふっ
ゲボ
くるっ
だだだだっ
あーあ…
母って…
母って…
わあ〜ん
私の布団…
さすさす
W.C.にて
ゲーオエーッ
ゴボゴボ
翌日は
トリペの布団
私の布団…
ぐうぐう
ウンコ
プ〜ン
がっくし…

トリペ

13. ごはんどき

あいよー
アッ
アッ
アッ
でんっ
大好きな 里イモ・豆腐はどんなに大きい
かたまりでも食べ、のり出してくるのに
こんな まずい飯 食ってられませんわ
ヘッ
米もあんま食べない…
キライ(?)な おかず(ゆでジャガイモとか)は
口から出しながら、イスから脱出する始末
やわらかいじゃん 食べらんないハズないっ
おいしいよっ
イエイエ トリペ 食べられないんです 食べにくいですー

これ見てくださーい
この段ボール!!
ココ
食べたの
誰ですかあー?!
ネズミさんですかっ
つーーん
ごちそうさまなら
いいですよー
お母ちゃんも
おにぎり食べよっ
…ちょっと
お前さん…
ガブッ
横取りなら
なんぼでも
いけますっ

14. ひとり遊び

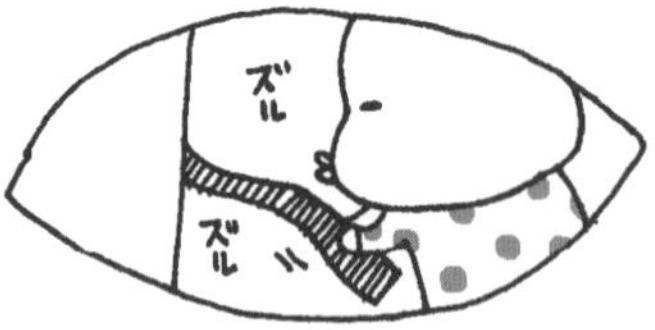
ズル
ズル

… ネクタイ？

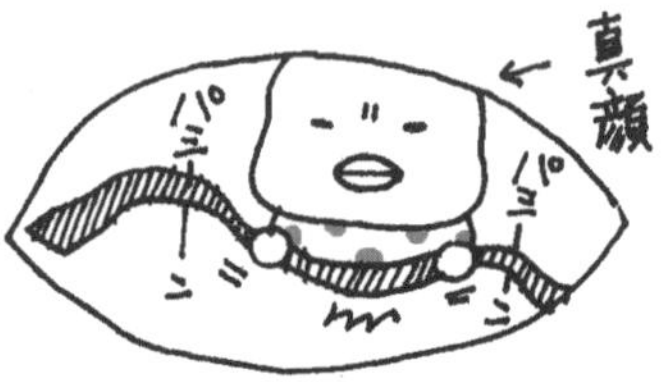
真顔

…何‥やってる…

え…っ

暗やみでネクタイ…火サスか…
危ないっ

20回程 私にかけようとしていた‥

トリペ寝ないの？
あー
タオル

トリペが寝ないので（布団から脱走した）

じゃおやすみ～
……

そんな日は寝たフリをして、こっそり1人のトリペを見るのだ

私のうす目

ダンナの服入れをひっぱり…

……
テコ テコ
おっ?!
はこ
お? お?!
ママ
荷物に仁王立ち!!
しかも「ママ」!!
ポイント高し
ネクタイ危ないので回収…
何してる…
あー
ぬっ
あー あー あー
これで遊べと言っている

コンドウのこぼれコラム

袋を持って歩いたり、パペットを手にはめてみたり、大人のマネをしてよく遊ぶように。次女もそうなのですが、袋にそのあたりのモノを詰め込んで、おくさま持ちして歩くの、ホント好きだったよなあ…。よくモノがなくなった時期です。ハムスターのように、何でもモノをとってはいろんな袋に詰め込んで、移動して放置をするので…。「持っていきたい」モノが多すぎるので、いつも全部持ちきれずによく怒っていました…。

トリペ

15. ふと思う

キャキャキャキャ
たまに外で
トリペと同じ年くらいのコの
親子連れを見たりする
……
トリペは何やってんだろう
楽しく笑ってるかなあ…と思う
ねー先生〜
他の保育園のお散歩に出会うと

……
めがね屋の前にて
めがね
めがね
うちのパパめがねだよ
ワー
ワー
トリペは今頃なにを
見せてもらってるんだろう
と思う
……
ハッ
これ出して あれやって あと2時間 しかないっっ
やべーっ 今日〆切だった
だっ

トリペ

16.どいて

え
ぐいっ
どって!!
ぐい
……
ドスン
…お友達に
やるんじゃ
ないよ…
タム
タム
…"どいて"を覚えました

トリペ

17. 新しい言葉

うまいっ
うまいっ
おいしー だよ〜♡
……

トリペは保育園にて

むぐ
パ
おいしいかーい?

うめっ
"うまい"が言えず余計ひどい…

…. 新しい言葉を覚えてきました…

ペチペチ
おいしいのポーズ
ちょっと前までおじょうさんらしかったのに…

…ちなみに"ない"は「ね!!」です…
トリペ…
ね!!

トリペ

18.新しい動き

ちょっと前から

← 笑顔

トリペがひじをおさえては
揺れて、笑顔でこっちを見る

あれ何だろー…
そんなの教えたかな〜…
結構よくやってるよねー
しかもいつも笑顔…
??
ひじ?
うで??

ひじ…かうで…?
何だろう…?

保育園で聞いても答えは出ず…

そのうち頭をポンポンとたたいた後
ひじをさわる合わせ技に…

絶対何かの
踊りだと思うんだけどな!…
でも何だろ…
??

…1週間後…
トリペちゃん "ひじ"をよく分かってて〜
え？…
♪おつーむテンテン♪ ひじポンポン♪っていうところで みんな手全体をポンポンって やるんですけど トリペちゃんは きっちり ひじをポンポン するんですよ〜
みんなで スゴーイ!!って
それだーっっ それですっっ
!!
えっ
トリペは"ひじポンポン"を保育園で すっごくほめられ それを私たちに 見せてくれていたのだった… (だからいつも笑顔だった…)
すごーいっ トリペッ
あー お父さんが 先日いってたの これかあ…
パチ パチパチパチ
遅ればせながら…

トリペ

19. ミッション

んが
赤子は寝相がわるい
冬はサムイので‥
じゃーん
いただきもの
こんなもの"スリーパー"がある
ぐぅ ぐぅ
これを着せて寝ればどんなに
転がっても平気☆ ひと安心!!
…なのだが
ギィイイ…
なぜか
大キライ
歯ぎしりしながら
ひっぱる…
分かった
分かった…
着なくていーよ…
ギィィィイイイ
うぐぁー
あー…
寝るどころではない…

なので
そー…
くぅ…
…すっかり寝入ったところを…
そーっと
そーっと…
細心の注意を払ってかける…
びくぅっ
ぴく…
ギャー!!
うわー
ごめんってば
…失敗したな…
…オムツ替えは起きんくせに…

トリペ

20.くっくデビュー♥

トリペちゃんたくさん歩くようになったから おくつ持ってきて下さい
こういうマジックテープのやつ…
ハーイ
わー♡

保育園より"クックデビュー"のお知らせ

今まではやわらかい布素材のブーティをはいて慣らしていたトリペ

嬉しいねー♡クック♡
お名前かいて明日もっていこうね!!
クー…

幸いお祝いでいただいていたものでピッタリのものがありさっそく玄関に用意

クー…
※クック

クー…
フリフリ
トリペー明日からだよ!
明日!!

非常に気に入っている様子

21.見えます 見えます

最近はトリペがしでかすことが手にとるように分かる私
ぎゃぎゃぎゃ
しかも具体的→
そんなはしゃいでるとあっちのドアでぶつかってイタイイタイするよ〜
ギャギャギャギャ
ゴン
しーん…
…

だから
ママ言ったでしょっっ
昔よく
言われたなー!!
わああああ
母の言うことは聞いておいて
損はないぞ

トリペ

22.乙女心？

ハハ…
おおトリペも見るかい？
あー
ぐいぐい
ほら
べのーん
おもしろいねー おもしろいよねー
ギャギャギャッ
おもしろ顔大スキ
ほら
こんなのもこんなのもあるよー
ギャギャギャッ
大興奮

コンドウのこぼれコラム

風邪をよくひいていて（保育園児なので）鼻づまりで苦しい…というのも、もちろんあったと思いますが、歩くようになって行動範囲が広がって、刺激が多いためなのか、よく夜泣きをしていました。先生たちには「体力がついてきたのよー」と言われたもの…夜中、いきなり「ギャア〜〜〜!!!」と泣いて起こされる自分は、消防士さんのようだわ、と勝手に思っていました。しかも消火活動、全然終わりません。寝ねえのなんのって。

チク
チク
長袖を保育園でも着るようになり
私は袖をぬって短くしている
ブラーン
75cmのトリペには70cmは
キツく、80cmだと少し大きいから
小さいけど大きくなったなあ…
チク
チク
そばにいて袖を折って
やれないからね…

1歳
3〜5ヶ月

第2章

トリペ

23. 冬の人気者

買ってもらった
お洋服
(けっこう重い)
ショッピングモールに行くと
"歩く"といって抱っこを嫌がり
"持つ!"と自分の買い物袋を
持ちたがるので
コラッ
勝手に
行かないーっ!!
手をつないで
かちっ
クマ、のろのろと
逃亡
でででで
ズル
こうなる
アハハハ
クスクス
……
ハハハ…
ハハハ
ズル
ズル
ズル
くすくす
そしてみんなその姿に、けっこう遠慮なく笑う…
(指さして笑われることも多々あり)

や!!
なんですと?!
行くよ ホラッ
いやじゃないっ つなぐのっ
いや〜っっっ
ズル ズル ズル
〝いや〟を覚え、よく街中で見る
困った親子連れの姿に…
いやーっ
ギャアーッ
やーーっ
ジタ バタ
…恥ずかしー…
キャーッ
あははっ
荷物 えらいねー
キャハハハッ いいねー
人気者や〜 これは!!
かわいーっ
その風ぼうから、冬のトリペは
街でけっこう人気者…
そして
ねー トリペもう いくよー
手つなごー

トリペ

24.意外とできる

ね…ねむ…
ニー…
昨晩はトリペはご飯を食べすぎたせいか夜泣きをした
苦しかったのか…
ギュー
休みなんだし寝かせて…頼む
あー
ぐー
…のに、早起きな彼女…
……
ナデナデ
え…っ?!
たたったっ
分かってくれたのか…ラッキー♡
ぐー
!!
バサ

服…?
? ?
ドシャ…?
ドシャ…
?
ヨロ ヨロ
ゴソ ゴソ
←私のジーンズ
ドシャ…
!!
←ジーンズ重い
←寝室で布団だらけなので足場が悪い
ヨロ…
ドシャ…
なんか感動…
居間からたたんで置いてた
洋服をひとそろえ
何度も転びながら一生懸命
持ってくるトリペ…

トリペッツ♡
分かった!!
起きる!!
お洋服
ありがとう!!
ラブッ
ガバッ
ヨロ…
ヨロ…

あだだだだっ
ぎゅむー
すぐ起きられるならさっさと起きんかっ

トリペ

25. 父だけ知っている

父だけが知っているコトも
けっこうある

トリペ

26.初詣にて

ワンワ!!
おまいりしたらおみくじひこう♪
トリペ…あれは猿まわしのサル…
♪ ♪
初もうでに行きました
トリペもひく?おみくじ…。変なの出たらお母ちゃんかえてあげる!!
人混みにだんだん不キゲンに…
ギギー
凶だわよ…
ブツブツ
あのおばちゃん凶だってよ…正月から…
ギィィィ ギィィィ…
イタイ イタイ イタイ
オレも一昨年凶だったよ…
キミは大吉だったね
ガミョ ガミョ
んで結果

大吉
末吉
ガーン
凶

トリペは大吉だからもって帰る？
ハ…ハハハ…
大吉
トリペーそれ落としたら大変だからもってあげようか？
……ですよね…
だって母ちゃん凶だもん
やっ
ガーン…
凶のしわざにちがいないわ…
ああ…何をしてても この心にひっかかるモヤは何かしら…
…そんなに気にするならもう一回ひきにいく…？

トリペ

27.しつけって

いやっ
きっぱり
がハッキリしているトリペ‥
いやっ
車でお出かけの時も、ちょっと近づいたお友達に怒るらしい…
トリペ…
ダメじゃねーかよ…
姫か…
絶対自分のコトだと分かってるくせにあえて知らんぷり
…ってお友達にやるんだとーもう…
困っちゃうよ…
あら〜トリペー
だめだよ〜
……
やっ
!?
コラッいたいでしょだめだよっ

……う……
うわあああん
うわーん うわー
泣いても ダメッ いたいいたい したらアカンの!!
親バカ
に言われたのが やだったんだろーな…
だから口を ひねったか… かしこいじゃん…
まあ おちつきな
わあああ あ~んっ
← 泣きやんだ
トリペ
イタイ イタイ しちゃったら「ごめんね」って やるんだよ
こうやってね!!
めんね

よーしっ
よくできたっ
エライエライッ
なでくり
なでくり

…「めんね」って言いながら
また押したらどうしよう…
そりゃ
だめだっ

…しつけはむつかしい…

…翌日…
バッチーン
寝たくないので怒った
くおらっ
バッチーンはだめーっっ
わあああ
ごめんねは!?
ギイヤーーッ
あーなんか
これ昨日も見たなあ…
ハハ…

トリペ

28.あつまって

トリペちゃ〜ん
こんにちはー
下の階に住むおばあちゃんに会う
予防接種したー？
秋にしましたー
トリペに合わせてしゃがみこんで話していた私たち
1日1回外に出たいのよー ばあちゃんは
いいことですよ〜
ところがトリペもしゃがみこんだため…
それでよ
…世代をこえてたむろってるみたいに…

トリペ

29. ね〜むれ〜

パチッ
タオルがぐるぐるまきた…
最近0:00頃、完ぺきに起きてしまうトリペ…
(2時間毎の授乳はすぐ寝る…)
ね〜ん ね〜ん
夜は仕事せねばならんのにな…
〆切を思いあせるキモチを胸に子守唄を歌うのだが
おこ〜ろ〜り〜よ〜
ポニポニ
む?
ねんねし〜な〜
ね〜な〜
大マジメ
母のむ〜ね
〜た〜
おいおいねんねするのはアンタだよっ
笑いをこらえるのに必死
…トリペは大まじめに一緒に子守唄を歌うのであった…
ひー
もう3時…
ね〜むれ〜
れ〜

トリペ

30.歴史に触れる

ゴロゴロ

トリペがおなかをこわして
食欲もないので

あー
あーん

吐き気止めと整腸剤をのませるのだが
吐き気止めはマズイらしく、ペッと出すので
スポイトでほっぺのポケットにほうり込む
作戦をとっている…

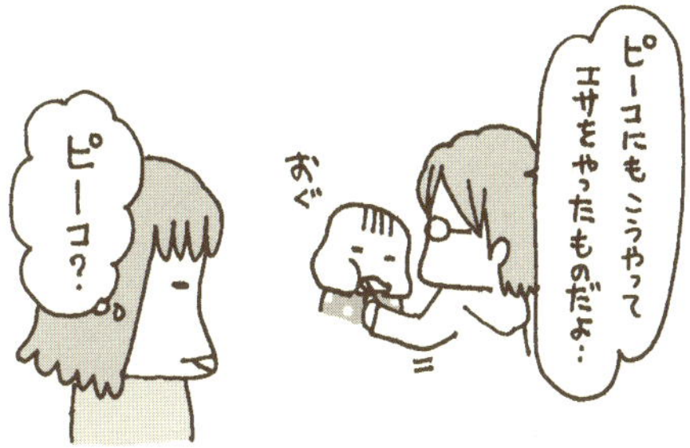
ピーコにもこうやってエサをやったものだよ…
おぐ
ピーコ?

初代ピーコはマーガリンの箱に入ってやってきた…
コラ ひっぱらないっ
初代?!
マーガリン??

マーガリンの箱に入ってた
ピーコという鳥を2代以上かっていた
スポイトでエサをやっていた
へー

夫の情報が増えた今日

31. 食のためなら

バナナ食べるん〜
おっ?
たっ
自分で読みちらかした絵本
ズサー!!ッ
トリペッ
ゴッ
ハイッ
バナナ…いります…
ガッツあるなあ…
食べな食べな

トリペ

32.英才教育

い〜ち に〜い
生後3ケ月、父ちゃんはフロに入れながら 毎日毎日言いました
さ〜ん し〜い
くる日もくる日も 10を数えてました
じゅっ
8ケ月で
「じゅ!」と言うと母ちゃんが、おフロから あげてくれるのを知り
じゅっ
9ケ月で
「10」だけ 言えるようになり
いーち… にー!!
指をおりつつ数える
今では 10まで 数えられるように!!
やばっ!! 天才かも しれん!!
どうしよう!! ノーベル賞とったら!!

親バカは 加速中…

トリペ

33. 朝のおっとめ

毎朝
ぐぅぐぅ
!!
バチッ
首をふって「おはようございます」
…あ…おはようございます…
最近毎晩 夜中鼻づまりで起きるトリペを2時間かけてオンブで寝させて寝不足…
なぜ元気なんだ..
ぼやー…
たーた はこう はこう
ターッ ターッ
そのよだれかけスキだね…
よだれかけをして…
現在 7:30
バイバーイ
まだまだ!!
9時からっ
…1人で保育園に行こうとする…
どんだけスキなんだ…

コンドウのこぼれコラム

ひとりで色々やらかすように。朝寝坊したら、トリペの布団がオレンジ色に染まっていてびっくりしたことがありました。まわりを見渡すと、みかんの皮がてんてんと部屋中におちており、後ろを向いてみかんを食べているトリペが…！　親が起きないので、勝手にみかんをむいて食べて餓えをしのいでいたよう…夜泣きをしながら、早起き、そして自由行動。寝てるヒマないッス…。

トリペ

34.とにかく踊りたい

トリペ

35. チャック

チャックがスキです

おわりにくると動かないので怒ります。

先生のジャージのチャックも狙うらしい…

トリペ

36. ぎゅっ

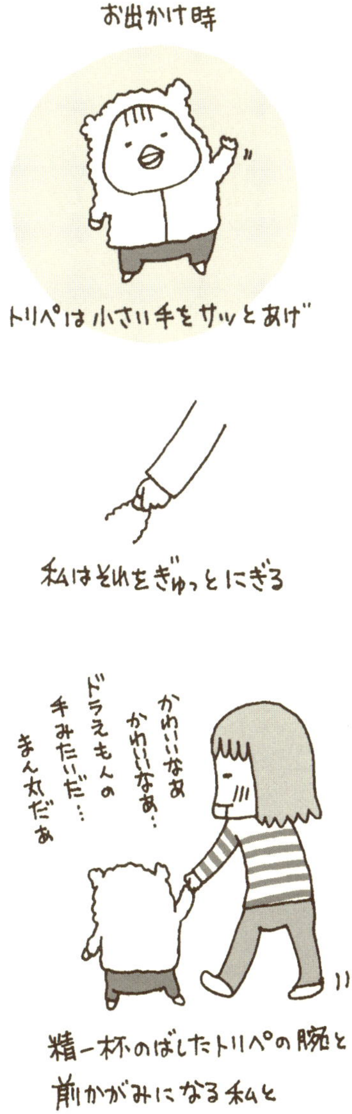
お出かけ時
トリペは小さい手をサッとあげ
私はそれをぎゅっとにぎる
かわいいなあ
かわいいなあ…
ドラえもんの
手みたいだ…
まん丸だぁ
精一杯のばしたトリペの腕と
前かがみになる私と

?
ぐいっ
だめだって
だめだめ
手つながないと
危ないっつの!!
ギーーッ
がしっ
もう離そうと必死…
ホンワカ気分にひたれるのは一瞬です…

トリペ

37. 子どもの適応力

トリペ

38.おもちゃのように

クララーッ
トリペッ
それ扉…!!
ぶつかった…!!
ゴーン
ひっくり返った!!
ゴロン…
えっ?!
おきあがった!?
ムクッ
え…っ?!
何で今
おきあがり
こぼしみたい
に…
わあああああ

トリペ

39.おねだり

ギギギギ…
……
あきません…
えっ!?.
あえてー (付)
トリペが言葉で頼んできました
そう!! "あけて"ですっ
あけてあげますっ
すごーー!! トリペッ
ウニ ウニ
"会話"ができた気がしてびっくり!!

それ以来
あけてーー
あけてー
あけてーー
オモチャ箱
…それは自分であけてくださいっ
できるくせに…
何でも親にあけさせます..

トリペ

40.言えない

大スキ
ミッフィー!!!
ミッフィー!!

……

クニク
ちがうもん…
なんでミッフィーが言えてクマが言えない…

トリペ

41.デパートにて

母と妹に1日預かってもらった

ごめん
行ってくる…
お絵かきに夢中

わーい
なぜかいつも小さめに言う

トリペは…

トリペちゃんこれ乗る？
ええやん
犬？これ…
おばちゃん一緒にのったるで

デパートの屋上につれていってもらったらしく

あっちょっと!!
デパートのベビーカー
(こんなんだっけ?)
ウィーン ウィーン
あっトリペちゃん!!
だっ
…でも、乗りものは動くとこわくて脱走

トリペちゃーんっ
だーっ
待ってェ〜1人にせんといて〜っっ
妹 今年27才
しつこいけどベビーカー…
カタ…
カタカタ…
ウィーン
ウィーン
祖母と叔母を思いっきりほんろうしたらしい…

ご注文は…
ジユッチュ!!
えーと
お昼は1番に注文をし
“お子様はジュースいかがですか?”と
いうのをお店でよく聞かれていて
覚えているらしい…
おいしい? トリペちゃん
ずぞーっ
これセロリの味がする〜
普段飲ませてもらえない
MIXジュースを飲ませてもらい
大満足だったらしい…

トリペ

42. 大人はくたくた

ぐい
ぐい
ぐい
ぐい
気をつけてね〜〜
1人が後ろからついてのぼり
ほい きたあ〜〜
ス
1人が下でキャッチ
親が いきーや!!
ほらっ!! 次 アンタが上!!
ゼイ ゼイ
たたた…
大人はフラフラ…
10回目‥

トリペ

43.それなあに？

台所にて
おいしーい♡
エビのおさしみ!!
生きとるんがおってよかったね

あのコ(妹)もいたら喜ぶのに…残念…
みえない…
ホントおいしいわー

だっこ
んっ?ほいほい

トリペちゃん
〃エビ〃って
いうのよ
何？
戸棚？
あー
あー
あれ
取ってくれい
エビ!!
ここ!!
ここ!!
えっ
…ちょっと生エビは
キミには早いわ…
ここ!!
エビを… 欲しがりました…

トリペ

44.ものしり

歌がすきです.

ああ キラキラ星…
キア キア♪
い〜 あう〜♪
星柄
あっ ぞうさんだ
ぞうさんの歌 あるんだよ
♪ぞ〜さん♪
♪〜おさん ぞ〜 ♪
えっ
…もう知っていました…(保育園から…)

トリペ

45.マイ ネーム イズ トリペ

トリペちゃんっ
自分の名前を言えるようになりました。
トリペちゃんっ
だぁーもしもししてんのーっ
自分に欲しい時に主に使います
保育園
んっ?
お世話になってます…
トリペちゃんっ トリペちゃん!!
……
トリペちゃんっ
ハイハイ
…先生の持ちものを欲しがってました…
ちなみに
コラッ!! 呼びすてにしないっ
おお…
トリペ
クラスメイトにも名前を認識されている…すげー

コンドウのこぼれコラム

歌や踊りのレパートリーもふえてきました。ぐるぐるぐるのまるをかきなぐっては「ワンワン!」と自信満々に見せにくることも。お着替えも、だんだんうまくなり、手伝ってるのがバレないようにするのにひと苦労。できないと怒るし、やってあげても怒るし、手伝っても怒られます。トリペは「トリペができないものなんかないから!」と思ってるフシがあります。ほんの1年半前は腹の中にいたくせに。

トリペ

46.すごい…!?

母
えーっ トリペちゃん もう そんな コト できるの?
滑り台?!
おしゃべり?
スゴーイッ
へへ…
母にでんわする
えーっ アンタなんか 動物は全部ワンワン 幼稚園では砂場 ばっかりで…
エッヘン
まーねー
トリペは天才 だからっ
……
…って偉そうに えばっても… アタシが単に何も できなかった だけなんじゃ…
比べる相手が 過去の私かー!!
アフ アフ

47. なにしてるの?

ばったり
トリペ…何やってるの?
しんどいの…?
…
シーーッ
あれーっっ
トリペがいないっっ
どこいった?!
…
トリペーーッ
え…っ
かくれてるの?!

バーーッ
がばっ

あっいたー!!!
ギャギャギャ
だだだ

かくれんぼかー
もー
捜したよー
トリペーーッ

トリペ

48.ちょっとした幸せ

トリペ

49. 成長を実感

のどが痛い…
エフ
トリペー
鼻吸いに
耳鼻科いこうか
帰りにのどあめ
買ってきてくれる？
いーよー
イーヨー
もつの？
じゃあこっちで
父ちゃんと
手つなご
ヤ
やっっ
だめだよー
手つながなきゃ
ぶんっ
あ……っ

どっしゃーん
ト…トリペッ 大丈夫…?!
あまりのことに声が出ない…
ア…
ア…
…ち…ちょっと ひどいかんじにこけたよね… 大丈夫…?!
うわあああん
…すっごいのどあめに文句言ってる…
ブツブツ
買ってきてね
エグッ
エグッ
すゲーかっとうしてる…
本当は投げ捨てたいんだろうな…
抱っこする…?

コンドウのこぼれコラム

0歳のときもそうだったとは思いますが、1歳時代は言葉や行動に成長がみられるので、1週間たっただけでもだいぶんお姉さんトリペになります。1週間前に言えなかった言葉が上手に言えるようになったり。でも逆に、できてたことができなくなるときも。食事をしたがらないのには困りました。ぬいぐるみを数匹、総動員して「みんなー！ 見ててね！ トリペちゃんご飯食べるよー！」とギャラリーをつくって食べさせたり…姫め…。

じゃ、おやすみね
トリペ
←スリーパー‥
着るように…
とっちゃ!!
びくっ
びく
ハイ‥
おいで~
呼ぶようになりました‥

第3章

トリペ

50.呼んだ？

チーズの話をしたいけど
トリペが聞いたら
大さわぎするから…
チーズ
大スキ
呼んでから話そう…
ねえねえ あのさーっ
ひょいっ
なあに？
がくっ
★おまけ★
おかえりー
ばーん
…といって帰ってくる…

トリペ

51.思い出

ふ〜ゆ〜
何か歌っている…
はぴばーすでーつーゆー
お誕生日の歌だ!!
2歳のお誕生日にお砂のケーキみんなでつくってお祝いしてくれたんですって♡
へー♡かわいいっ♡
クラスメイトのお母さん
はぴばーすでーつゅー
思い出してるのかねエー
いいねエ

52. 父とさんぽ

どしゃっ

いっぱいもっと
あぶないねー

瞬間瞬間で
学習してますね…

トリペ

53.断乳

私はトリペが
0歳のころから月1で
おっぱい先生のところへ
通っておりまして
おっぱい先生
母乳外来をしてくれる
助産師さん
マッサージや詰まりを
とりのぞいたりしてくれる

その先生が
離乳は1歳半すぎて しっかり歩いて よく食べるように なってから!!
やる時期は 春か秋が いいわ!!
派だったため…
※先生によって色々な考え方があります

春
ぼへ〜
体調もまあよし
トロいながらも よく歩く
まあまあ食べる
1歳半…!
ついに…断乳の時、きたり…!!!

おっぱい先生に断乳の説明を聞き…
1歳半すぎてたら よく分かってるから!!
ニッコリ笑って おっぱいにお礼言って やめるよ!!
おっぱいに お礼…
へー…
ハイ!! トリペはこの日で おっぱいおしまいね!!
お姉さんに なるねー すごいねー!!
Xdayまで カウントダウンシールを 貼らせることに…
同じおっぱい先生に 通っている3ヶ月前の先パイ ちゃんの話では
うちのコ、おっぱいに ありがとうって言って すんなりやめたよ♡
なにそれ 感動!!
そんな話を聞いていたので油断していたら…
Xday前日
シール
あーっトリペ 今日でシールおしまい☆ おっぱいさようならだー
ちょっ… だめっ はがさないでっ
カリカリ
…必死に なかったことに しようとしてました…

この1年と半年…
トリペが毎晩4度泣こうが
5度号泣しようが
ぐえ〜
ガンッ
起きることはなかった夫であったが
お母さんは おっぱいのにおいがするし おっぱいもはってイタイから
可能なかぎり、お父さんとか他の人にみてもらって!!
…というわけで…
う…受けてみよ!! 細切れ睡眠地獄!!
断乳決行デス
ちょ…っ トリペ…
乳ー!!っ
ギャヒーン!!
おっぱあああああ
ギャー
おっぱ〜っ
ギャアアアアアー
実は私は断乳がちょっと寂しくて
ムリにしなくても、ダメならダメでいいかなと
思っていたのだ…
いってぇーっっ マジいてぇーっっ
何度もこんな乳になってたまるかーっっ
こっちも2度はムリそう…
数日たってから一気にしぼってもらう
…しかし、この断乳中の岩乳の痛みのハンパなさに、
絶対途中でやめてなるものかと決意をする…

お母ちゃ〜っっ
うわああああ
なに急にっ
急にかなしくなって
泣くトリペ…
(おそらく乳を思い出し…)
夕方〜夜もたっぷり外遊びをさせ…
(夜すぐに眠れるように)

授乳のときに
使っていた
座イス
ああ…
そこは…
ぐい
ぐい

おっぱいちゃん!!

びくっ
たたた…
それでも乳(母)をみつけると

ぐいっ

つらくてかなしい乳独立記念日…

やがて10日ほどすぎ…

キセキの7時間連続睡眠!!

1日4食!!

そして…
ばーん
えーっっ
しらんぷりっ
前はフロでも飲もうとしてたじゃんかーっっ
乳をみてもなんの反応もしなくなりました…さびしい…
断乳の時期や方法は色々ありますから、ご自分とお子さんのベストを見つけてくださいねー

コンドウのこぼれコラム

母乳って液体ですし、量は見えないので、どのくらいおなかにたまってんだか、さっぱり分からなかったのですが、やはりものすごく飲んでいたようです。断乳をしましたら、ものすごく食べるようになりました。授乳している頃は、食べムラがひどく、ほんの少しのごはんを食べさせるのに、ものすごく苦労したのですが（ぬいぐるみ使ったりとか）、まさかこんなにガツガツ食べるようになるとは。食べすぎて逆に心配になりました…。

54.トリペの世界

トリペ、無事乳を卒業
お姉さんです

買い物の途中、公園へ行く

ユラユラ揺れる乗り物に乗ってる最中

これはこれでおもしろいんだね…
……
パッカ
パッカ
ユラ
ユラ
さて5分後
パアッ
えっおいおい急にどこいくんだよ
ブランコーッ
だっ
わあああああああ
この5分間ずっと狙ってたのか…!!
柵にひっかかって感きわまって泣いている
ブランコがあいたのでした
よかったねェ…
しっかり持っててね…
♪ぶーらん ぶーらん ぶーらんこー
自作のブランコの歌

子のネットワークにより、初対面のお母さんと
お話をする…

帰りに耳鼻科へ行ったら

トリペはトリペのネットワークが
あるんだね

トリペ

55. 食いしん坊

もし

断乳を終え、トリペはありえない食欲をみせている…

トリペちゃんおやつ足りないって泣くので今日もおかわりでーす
ウワ
すいませんすいません
つっっ

そんなトリペ

ココココ
かぼちゃ
えーっまたおかわり?! 大丈夫?!

食いしん坊!!
えっ

～ ある日のトリペ ～

7:00　おにぎり中1コ
トリ肉団子2つ
ホーレン草ごま和え
じゃがいも こふきいも
みそ汁、ミニトマト

10:00　おやつ
12:00　昼食
15:00　おやつ
（10:00～15:00）保育園

16:30　おやつ（パン or おにぎり）

18:00　ご飯（茶わん1杯）
ぎょうざ（大人サイズ）5つ
野菜いため カボチャバター煮
みそ汁 2杯、

食いしん坊!!
ト…

食いしん坊おかしいね〜!!
ハハハハハ
トホホ…
トリペッ保育園で食いしん坊って呼ばれているのねっ
そりゃそうだ
家では言ったことのないコトバは
もちろん保育園から‥

あと‥
よくばりっ
ぬいぐるみ一杯
えっ
トリペちゃんはボールを両手だけでなく足にもはさんで3つ持とうとするんです
ホントは1人1つ
…と言われたことがあったなあ‥
トリペ…
?
よくばり
食いしん坊

トリペ

56. ぬれてます

モコモコ →
…ということがあったのだけど
今日、
ああっお茶がっ
ぶへっ
↑わざと
もーっわざとベッしちゃだめじゃーん!!
おきがえ、パン食べたらね
きがえ～
↑おやつ
以前（1ヶ月程前）
ああっお茶がっ
だあっ。。
おフロまであとちょっとだし…
これ入れとこうね
ぐい
ガーゼ

……
よっこい…
おきがえ～
ハイハイ あとでねー
バタ
バタ
……
トテテテテ
トップ
ボトム
下着，くつ下，他
ガタガタ

あれっ 何してんだ？
？
ズル
ぐいっ
ガーゼ
もう
ト…
トリペッ…
ぶわっ
だいじょうぶっ
ごめんね ごめんねっ けっこうぬれてたのねっ
おきがえしよう!!
おきがえー
思ったよりぬれてて冷たかったらしい…
ごめんね、トリペ…

57. みかん

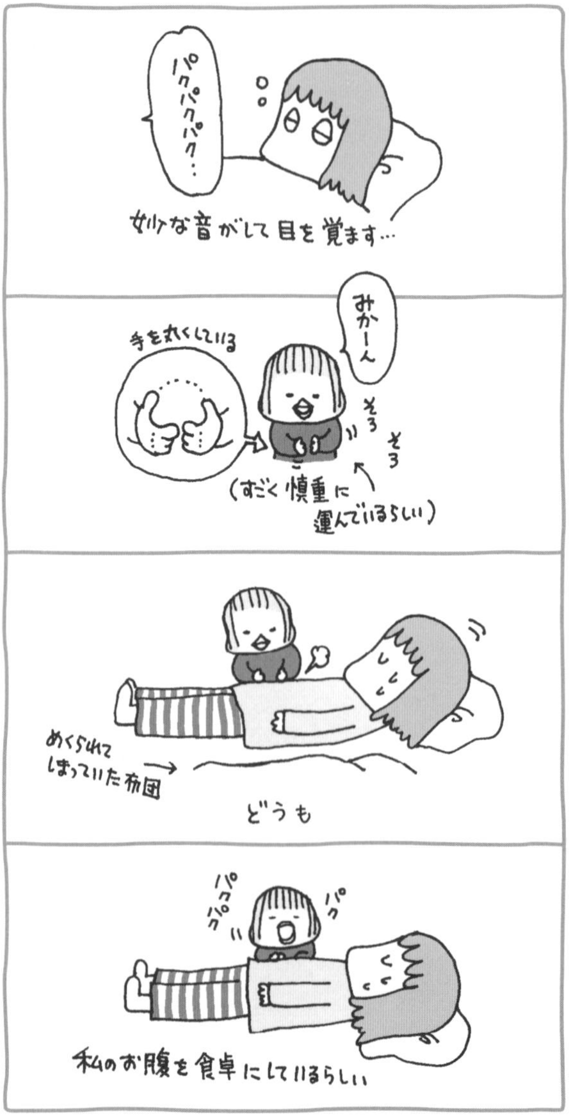
パクパクパク…
妙な音がして目を覚ます…
みかーん
手を丸くしている
そろ
そろ
(すごく慎重に
運んでいるらしい)
めくられて
しまっていた布団
どうも
パクパク
パク
私のお腹を食卓にしているらしい

おいしいねえー
パクパクパク…
← 食べさせてる音
おいしいねェ
うおーっ
かわいいぞーっ
おはよー
ガバッ

58. だっこ

だっこ
だっこマンです

重いんだよー
歩きなよー

もぞ
もぞ

しかも

前だっこ!!
これ大変なんだよーー
くるっ

方向まで指定つき

トリペ

59.おしゃれ〜

トリペッ♡
すっごくかわいい!!♡
友人がトリペにスカートをつくってくれた
トリペかわいースカート♡
スカート〜おしゃれ〜
くる
くる
おしゃれ?まわってる!?
喜んだトリペはスカートをヒラヒラさせてくるくるまわった
保育園でお姫サマごっことかしてるのかな…
とっちゃー
みてー
おっかわいー!♡
←見せにいった

トリペ

60.トイレトレ

アンタ達は1歳でもうとれてた
私の母

…というオムツ、1歳半で「まだ?」と言われるので

ミー
しー

面倒ながらやってみることに

おっ
!!
シャ〜

ハハハ!! できたできた
わっしゃー
ハハハ

おしっこ たまに成功!

ウ○チは

…
ム
ミ
ニュッ

真剣な顔をして立ちつくしている時に

あわててつれていくのだが

ううん だいじょうぶじゃないの
出ちゃったから アウトなの

…まにあわない時も多々

親の偉大さに改めて感謝

コンドウのこぼれコラム

この頃はなぜかよくジャンプの練習をしていました。保育園で先輩がやっているのを見たのでしょうね。つま先が床にくっついて1mmも浮いてないのに、両手をあげて「ジャンプ!」。本人はものすごく軽やかに飛んでいる様子。そして「約束」への記憶がハッキリしてきて、「あとで公園いこうね」などと軽く約束をし、その後寝てしまい、日が暮れたあとで「公園…」とかつぶやいたりするので油断ができません。

トリペ

61.今忙しいの

トリペは今忙しいのです
しょう油さし
（カラ）
トリペー
ガショ
ガショ
はりっ
カップケーキできたわよー
チェーン
リング

母ちゃんねむい・・
おひるねしようよー
……

足くーん スパゲティよー
パクパク パク…
……
母の"足"くんと遊ぶことにしたらしい…
あじー
味つけ
カップケーキよー
ゴマ!!
パクパクパク
いたれりつくせり!!
足くんは幸せものだ…
……
おちゃもあるわよー
ムッ
ん?
パクパクパク

豆!!入ってる!!
真剣!!
何…?豆…?
それ…
なぜかいつも言う…

うつらうつら
…とかしてたら

うわっねちゃってた!!
トリペは?!
スー

自分でタオルケットかけて寝てる!!
!!
スー
↑…..。

よかった…もう少し寝よう…
回収
スー

トリペ

62. 成功！

にんじんさんっ
さくらんぼさんっ
しいたけさんっ
ごぼうさんっ
お弁当のうた
"お弁当"がつくれるようになりました
できない…
ずっと
困ってたもんね…
真剣!!
何かを必死にやっているトリペ
すごい大声
できたーっっ
びくうっ
チョキ!!

トリペ

63. でんぐりがえし

どんぐり〜
今日は
はいよー
やっ
じぶんっ
手助けしようとしたら 断られた
どんぐり〜
(でんぐり)
…というポーズをとると
はい ゴローン♫
ギャギャギャ ギャギャギャッ
…と転がしていたのだが
自分って できんものを…
何でも 自分って 言うんだから
くるん

まわった!!
ギャギャギャギャギャッ

すご〜いっトリペ!! もう1回やってみて!!
まぐれだと思い、アンコールを
お願いすると

ギャギャギャギャ
なんか余裕を
みせて、物もって
やったりして
ゴロン
何度もやってくれる

そして
ゴンッ
バリッ
障子…っ
ああっ

ゴメン母ちゃんが悪かった…
いたいねー
調子にのりすぎた…

トリペ

64.大繁盛

ガシャ
ゴショ
トリペ、超大忙し!!
はいっ
できたわよー
おまたせっ
でけ
でけ
でけ
カップケーキよー
わあーい
座らされている
お客がいっぱいいるから!!
どうじょ!!

わあー おいしそう いただきまーす
パクパク
ちがうっ
ええっ!?
ねこちゃーん 待っててねー
作り直し
あの…ごめんなさい…
彼のだった…
はいっ ねこちゃん どーじょっ くまちゃん どーじょっ
オレがここにいる意味って…
でもいないと怒られる
ぽつん…
豆、入ってるわよ!!

トリペ

65.何の日？

……
今日は
きっく!!
ずさ
こらっ オモチャを けらないっ
おようふくー オシャレねー
コラコラ それ出さないで
はははは
本を ふんじゃだめっ
くまちゃん ふまないのー
よく怒られた

今日は 大そうじの日

66.保育参観

あのー
バイバイトリペ…
トリペー
たっ
最近はさっさといなくなられてしまう父であった…
いつもと同じようにみえて
いつもとちがう今日!!
再び!!
バーン!!
バーン!!
水色
ピンク
トリペのクラス参観日!!
お父さんのピンクにしちゃったー♡
うふふ
やっぱりまちがいじゃなく指定されてましたか
今年は1歳児クラスなので去年に増して慎重に…
いざっ
ずい

入れない

なんとか入って はじっこにこっそり
座るも…

子供たちが寄ってくる

ちなみにトリペは

不審なモノには ビビリなので寄ってこず

さあ どうなる!? 保育参観!?

常々、家では暴れん坊のトリペ

ドキ
ドキ

家と同じく園でもすごい暴れているのだろうと思いきや…

わあああああ
ギャー
ワー
わーっ
ドドドドドドド

かすむ

ああ…けっこうおとなしいほうなのね

…とか思っていたら

おかわりっもっとっ!!
……
食いしん坊

…給食の時だけ、ものすごく目立っていた…

トリペー
ムニー

お友達とつつきあいっこしたりして笑っていて

楽しそう

その顔見られただけで来てよかったなと思う

トリペ

67. 夢中なので

コンドウのこぼれコラム

夜寝るときに、小さな手を広げて「ココ! ココ!」「てんとむし!」「とんでっちゃった!」「おねさん!」と単語を羅列するので、なんだろうと翌日、夫に聞いてみると、散歩時に小学生のお姉さんに会い、その子たちがてんとう虫をトリペに見せてくれようとして手を広げたら、飛んでいってしまった、とのこと。経験を自分の中にとりこんで、伝えるように…そして大まかにあっている。すごい。

でんきー
私はトリペの
ラブリー♡
あご
このあたりがスキ
ナナメ下からのアングルが大スキだ‥
ぎゅっ
トリペかわいーい♪
ギューして♡
ぎゅー
?
あだだだ
ちがう
ちがう
ちがう
ちがう

第4章

トリペ

68.どうしてこんな目に？

夫の作品で
「バウムクーヘンどこへゆく」
ヨロシク!!
…という絵本があるんですが
"いったいどうしてこんな目に…？"
あーあポニデちゃん泣いちゃった…
最近お気に入り
しかも
蚊にたくさん刺され大きくはれてしまった
かゆい…
いたい…
ボソッ
いったいどうしてこんな目に…？
フー
ブッ
セリフを使いこなしている

トリペ

69.おお生き返る

シャワーをかけてたら
きもちいいねー
シャワー
えっ
おお生き返るー
な・なに!? 今の発言っ
じいさん?!
聞きまちがい?!
??
私は言ったことないぞ…?
か?!
あ!!
えっ!?
そらくんのシャワー
くるっ
すごーい トリペッ
そうか!! そうだそうだ!!
動揺してたの見抜かれたのかな…
…「ぴこちゃんえほん」にのっていたお話より抜スイされたセリフでした…
またもや

トリペ

70. 父ピンチ

夫、久々にピンチの日

トリペ

71. 学習してます

72. 親の威厳

ミーン
父ちゃんと母ちゃんは怒っています
ポーイッ
トリペがわざと食べ物を床におとしたからです
トリペ!! 食べ物を粗末にしたらダメッ
拾いなさいっ
やーーっっ
やじゃないっ 早くっ
いやっっ
普段 温厚な夫もだんだん本気で怒りはじめ
拾いなさい
誰がおとしたの?!
やっ
じゃあ拾いなさいっ
やっ
トリペちゃん
…分かってんじゃん…

一家の雰囲気が最高潮に
悪くなったころ…

トリペ

73. 父娘でごはん

……

久々に38℃超えの熱
足腰がガクガクして
立てないので

2人きりで大丈夫だろうか…
母ちゃんはー？
お熱なんだよー
おねっーー？

父娘でファミレスに行ってもらう

ハイ
トリペちゃんはー
スップとージュッチュとー
無視
ピミグーセットとカレーお願いします
サッ

ピングーセットとスープをほとんど
平らげて

嬉しそうに帰ってきた

おみやげはウドンだった‥
重かったので、トリペのうでは
赤くなっちゃってて…

おみやげがのどにしみるぜ…
（へんとう炎だった）

後日（2週間後）

ねだられた

トリペ

74. ばつ

キャッ
キャッ

トリペはプールの時間が大スキ

ミャワーしようね!!
ミャワーー
今日トリペちゃん
×なのよー

朝着いたとたん、先生にねだったものの

バツ…と…

しかし今日はお腹がユルメ（おそらく食べすぎ）
だったのでプールは不可にした。

ばっ…

トリペは"×"の意味が分からず…

トリペちゃん…
どうしよ…
ワク
ワク
じっ

パンツ水着に着がえさせてもらえる
順番をジッと待っていたらしい…

トリペ

75.失敗…？

バタ
バタ

なんだかんだ忙しくて
トイレトレーニングさぼってたら

いつの間にか
トリペートイレ行く？
いやっ
いかないっ

…トリペはトイレ嫌いになっていて

オムツかえよ…
かえないっ
出てないっ
イヤッ
モコ
モコ

オムツがえもなぜか嫌がり

クマ、がんばってーって言ってるよ…
わあああああ
出ないーっ

なだめすかして トイレに座らせても
10秒と座ってない…

あーあ 失敗‥

トリペ

76. おばあちゃんち

5ヶ月ぶりに おばあちゃんちへ行く

人見知り、場所見知りしていたかのように見えたトリペだが…

…そういえば、前回（1歳4ケ月のとき）来た時に中庭に一度ネコが通りかかったのだった

“おばあちゃんちに来た”ことも覚えていないと思っていたのでかなりオドロキ…

トリペ

77.喜ばせるはずが…

日射しもそう強くないので、トリペを
海に連れていくことに‥

… 車の揺れがキモチよかったのか
トリペが夢への チケットを受けとった頃…

海へ到着

ようやく起こしてみれば

雨‥‥
大人の思いは伝わらない‥‥

コンドウのこぼれコラム

赤ちゃん時代は、とったりとられたり、たたいたりたたかれたり…保育園でもお友達とトラブルもあったようですが、言葉が出るようになってから、ずいぶんそういうのが少なくなったようです。言葉が出てくるというのは、キモチを相手に分かりやすく出すことができるということ。それって本人もまわりもとても助かります。「あたしトリペちゃん」と自己紹介もできるようになりました。しかし、なんで自己紹介するようになったんだろか。

トリペ

78.くすくす

ぐぅ
朝7:00
?
くすくす くすくす
クマ、かあちゃの手ってにつかまってチラッてしてるねー
クス
おかしいねー
クス
クス
ね……
時々すごく説明的なコトを言うのでびっくり…

トリペ

79. 口が立つ

3人だからオモチャいっぱいだね〜
かしてー
キャッ
キャッ
今日のプールは3人だけだった
トラちゃん
ジャボ!
トラちゃんが遊んでいたシャワーが!
ひえええええええトラちゃん何するの――っ
ワアアアア
ブッ
口達者だなあ…
余裕が感じられる
その後…
トラちゃんどうしたの?
わあああ〜ん
トリペちゃんがエイッてしたの
だめよー
自己申告…
オモチャをとったらしい…

トリペ

80.ぴ〜ひょろ〜

あづーい…
ちょっと風当たらせてー
料理中
猛暑である
はぁー
プオー
もう汗だくー
ぴーひょろー
ふくとのびるオモチャ
ハハハ
パミーッ
を
パミーッ
……
ちょっ…やめてくんない？
…最近娘にからかわれている気がする…
!!
ズイッ
風こない
暑い
ブオー
パミッ
パミッ
パミッ
…気のせいじゃないと思う

トリペ

81.どろぼう!?

私たちのどちらがトイレに行っても
わあああ
だだだだっ
……
ついてくるトリペ…
W.C.
先日…
返してエエエ
わあああああああ
だだだ
ブッ
トリペが替えのトイレットペーパーを持って走ってきた
トリペェ～父ちゃん困ってるみたいよー
返してきなよ～
やっ
おもしろいのでゆっくりと
早くっ!! 返して!! もうないの!! 残りっ
そしてそれはどうも、現在のがなくなり、今必要なペーパーだったらしい
早くっトリペっコラッ
威厳ナシ
ハハ
やなんだってー
……
母ちゃん助けたれ…

トリペ

82. 夏休み！

庭

タライに水をはり、日光にあてて…
あったまったら

ホー

おじいちゃんおばあちゃんちへ行き
花火、初体験

キャッ
キャッ

トリペのちょっとの間の夏休み!!

気をつけて…
さわらないで…
じっ
ニャー
こっちのほうがびびってる

意外に恐がらずに熱心に
やっていた

甘いですー

庭でとりたてのトマトは日光を
たっくさんあびてぬるくて甘い!! 夏

…考えてる?
……
……
おじいちゃんと
おばあちゃんと
花火したときっ
!!
つかったねえ!!
よく見てるし よく覚えてるねー
びっくり…
昨日の夕食が思い出せない
母とはエライちがいだ…
そして1週間後…
ろうそく!! はっぴばすでーだね!!
すごーい よく知ってるね!! トリペどこかで見たの?

83.親分です

ねこちゃーん ウンチ出たのねー
子分②
タオル
子分①
最近は子分たちの世話もかいがいしく
ヒラヒラ
?
熱いからねー 待っててねー〜
ヒラヒラ
!
冷ましてるのか!!
すっきりしたわねー
フキフキ
…たぶん 保育園で あったかい おしりふき タオルを冷ましてもらって おしりをふいて もらっているんだと思う…

もぅ出ないい？
もこっ
オシッコ出てるのにかえさせてくれない
姉さん…ねこちゃんより自分のシリが先だ…
トホホ…
くまも〜
ハイハイ
ハイ
…そして夫はみんなのオムツがえで忙しい…

コンドウのこぼれコラム

子どもというのは、勘が鋭いですね。赤ちゃん期は、帰省しようとしたり、私が出かけようとしたりすると高熱出したり。トリペを置いて出かけるとカンカンに怒るので、先に夫と遊びに出かけてもらい（それも薄々感づいていたのか渋々）、置き手紙にアンパンマンかいてみたのですが、やはり出かけたことにカンカンに怒って手紙を投げ捨て、翌朝もなかなか目をあわせてくれませんでした…。怒りという感情も記憶と共に持続力がついてきています…。

トリペ

84. 体をはった教え

トリペ

85. セミ

ジー
セミがいた
ジワー
セミはねェ・お母さんに会えないんだよねェ 会いたいよねェ…
セミひとり〜っ
セミ、お母さんいるわよ
ウン
セミお父ちゃんもいるわよ
ウン
夏。

86.ノノちゃんと

おめかし
……
……

ノノちゃんに久々に会った

かわいいぞ〜
うおー
親バカ軍団

2人は"手をつないでごらん"と言うと
手をつないで歩いたりできるのだ… 成長…

ノノ、じいさんダンスみせて
フリ
フリ
このへんがじいさん
何それっカワイイッ
ぶっ

ノノちゃんにじいさんダンスや
でんぐり返しを見せてもらい

ありがとー
おりこうさん

お礼を言ってもらったり…
おうたを聞かせてもらったり…
成長を喜びつつ

トリペも でんぐりん見せてよ
さて うちの娘も…
トリペ、チーズありがとってちゃんといいな!!
もらった
やりたくないわよっ
ムミ
そんなの
フン
フイッ
……
もぐもぐもぐ
フイッ
あっこら…
もっとじゃないっ
ありがと!!
ちょうだいもありがとうも言わないでっ!!
まったくお前さんはっ
もっと!!
フン
もぐもぐ
なぜか))ちゃんが…
…本質は去年と変わらず…

87.チーズないの?

でも手にもってる
チーズは トリペのだから
あげられないらしい…

トリペ

88. ボタン

ボタン、がんばってます
手伝う?
トリペちゃんがっ
あれ…
1つズレた…
ボタンー!! どこいったのー!!
ボタンさん、呼んでるんで
出てきてあげてください…

トリペ

89. 泣かないで

夏休みあけて
数日お休みしていた
カズくんが
登園してきました
連絡帳より

ママー
ママー
休みあけだもんねー
おいでカズくん
泣かないで…
ナデナデ
遊んでたオモチャ
ハイ…
おーん
おーん。
フー

えーんえーんって
泣いてるよ…
おおーん。
そうね
だっこしてあげるわね

ぎゅ…

ぎゅ…

かわいいですね…
胸がキュッとなったのですが2、3分すると湯たんぽをかかえているようで汗をかきました
先生…すみません…
トリペもお友だちを気づかうようになったかあ…

トリペ

90. HANA SUI

0歳の時から鼻吸いに通っている
トリペは慣れたもので

待合室で呼ばれると

奥まで粘るタイプ
!!
私も一度，風邪の時、頼んでもいないのに取られて大層痛く…
もう絶対いかん!!と心に決めているが
ズ
トリペはちょっとでも
鼻が出ると
あ、そう?
アリクイ先生んとこに行く
似てるから
…自ら病院へ行くと
言うのであった…
痛くないの?
エライな―!…
おくれをとる父
ハイ、コンニチハー
ペコ
一　礼
とってもらい
ハー
ハー
ボヨボヨの声でお礼を言う

91. 待望の

寝かしつけてたら…

トリペがため息まじりに発言

コンドウのこぼれコラム

料理中に卵を落としてしまい「ああ〜!」と言っていると、隣の部屋から走ってきて「いたい? 大丈夫?」と聞いてくれました。「大丈夫、卵おとしちゃったんだ」と言うと、また走っていなくなり、次はタオルを持ってきて「卵おとしちゃったんでしょ?」と渡してくれました。トリペはすっかりお母さんです。糸巻きのうたを歌って、「で〜きたで〜きた♬ トーリペちゃんの…」と足を見て「くつ、ないね〜!」と言いながらゲゲゲッと笑い、つっこみもできるようになりました。もうすぐ2歳だもんなぁ。

おわりに

『トリペと』3巻、お手に取っていただきまして、ありがとうございました。
今回、この本に着手するにあたって、どのように本をつくっていくか
担当さんたちと本当に悩みました。

次女モッチンが生まれたことで、きっと2人目が生まれる長女の心境や
妊娠時の様子など、知りたい方もたくさんいるだろうな、と。

ただ、そのエピソードの前に、トリペには一人っ子の時期があったわけで…。
そしてその1歳の時代は、寝てばかりいた赤ちゃんが、
立って、動いて、遊んで、言葉を発して、もりもり食べて…と
日々ものすごい成長をとげる時期でしたので、これを省略してしまうのは残念で、
こうして1歳時代の1冊ができあがりました。

3歳までに子供は一生分の親孝行をすると言われていますが、私は特に
この1歳時代が本当にかわいくて、面白かったのを、何度も何度も思い出します。

本書内にも書きましたが、言葉を発する、というのは、キモチを発するということです。
今までぼんやりながめていたお花を「きれいねー」と言ったり
食べ物を「これ!」と選んだり、トリペがなにかを発するたびに
「そんなこと思ってたのか!」と噴き出すことが多々ありました。
トリペの口からキモチをあらわす言葉が出たことで、私の心配性も少し
減ったように思います。

歯みがきはキライです

そしてできることがふえていくと、親としては、よりきちんと、よりしっかり、と望むようになってきてしまいます。そしてトリペはトリペで「自分の意思」がハッキリしてきて反発することも多くなります。
そんなとき、保育園の先生がよく言ってくださいました。
「いい子がそのまま、いい子に育つわけじゃないんです。ときには甘えも受け止めて嬉しいという気持ちをいっぱい感じてもらうのも大事ですよ」と。
この本をまとめるにあたり、当時の保育園との連絡帳を見て、そんな言葉を思い出しました。
今だったら、1歳なんてヨチヨチのかわいい時期に、ちょっとくらいいいじゃん！ と簡単に思うことができるのに、後になって余裕ができてからでないと分からないことが多くあるものですね。
本当にまわりのみなさんに、たくさん大事なことを教わったなと思います。

ＨＰにのせていた絵日記も、トリペが日々、成長するごとに忙しくなって、たびたび描くことができなくなってきました。次巻の機会がありましたら、私の手元にあるメモを中心に、2歳のトリペの毎日をお伝えできましたら嬉しいです。

さいごに、先輩ママである編集の岡部さん、前巻に引き続きかわいいデザインをしてくださったシラキハラさん、手伝ってくれた夫に心からのお礼を。
そして、今巻も手にとってくださったみなさんに、たくさんの感謝の気持ちを。
最後に毎日こぜりあいばかりしている、トリペとモッチンにも…
保育園の先生の言葉をまた胸に、精進します。
みなさま、本当にありがとうございました。

２０１２年　吉日　コンドウアキ

はじめてエブリデイ

トリペと③

コンドウアキ

キャラクターデザイナー・イラストレーター・作家。文具メーカー勤務を経て、フリーに。「リラックマ生活」「リラックマ4クママンガ」シリーズほか、「うさぎのモフィ」「おくたん&だんなちゃん」など著作多数。

HP http://www.akibako.jp
twitter @kondo_aki

著　者　コンドウアキ
編集人　殿塚郁夫
発行人　永田智之
発行所　株式会社主婦と生活社
〒104-8357　東京都中央区京橋3-5-7
編　集　03-3563-5133
販　売　03-3563-5121
生　産　03-3563-5125
振　替　00100-0-36364
ホームページ　http://www.shufu.co.jp
印刷・製本　図書印刷株式会社

デザイン　シラキハラメグミ
彩色アシスタント　相澤タロウイチ
校　閲　別府悦子
編　集　岡部桃子
Special thanks to TORIPE & MOCCHIN

©2012 コンドウアキ／主婦と生活社
Printed in JAPAN
ISBN978-4-391-14183-2

Ⓡ本書の全部または一部を複写複製することは、著作権法上の例外を除き、禁じられています。本書をコピーされる場合は、事前に日本複製権センター（JRRC）の許諾を受けてください。また、本書を代行業者等の第三者に依頼してスキャンやデジタル化をすることは、たとえ個人や家庭内の利用であっても一切認められておりません。
※JRRC [http://www.jrrc.or.jp　eメール：info@jrrc.or.jp
電話:03-3401-2382]